# *30 Tips for Life*

# 装いが変われば生き方が変わる

ファッションとは何でしょう。文化服装学院の学生たちには、「生き方です」と伝えてきました。服は、身につけた人の生き方を表わしているのです。鏡に映った姿を、改めて見てください。高級ブランドの逸品を着ていますか。ファッションを40年近く教えてきた私は、すばらしさが身にしみてわかります。ファストファッションの服? お手頃価格で、とっかえひっかえできますよね。ただ、手に取るたびに緊張するほど値が張ったり、街中でしょっちゅう“おそろい”に遭遇したりするのは、決して気持ちいいものではありません。

さて、鏡の中の自分はどんな感じだったでしょう。体のそこかしこが下がり気味だったり、肌がくすんでいたりしていましたか? 50歳なら50歳の、60歳なら60歳のこれまでが、映し出されていると思いませんか。時を重ね、体型や肌質が変化するのは自然の摂理。ライフスタイルも、仕事や家族など日々関わるすべての作用で変わります。そこで、今一番きれいに見えるバランスを探りながら足し算引き算。工夫によって素敵度はアップしますし、周りに共鳴するくらい心身ともにいきいきしてきます。

服は生き方そのもの。その言葉を胸に、長年ファッションに携わっている私なりのこころえがあります。気負わず実践できて実感がわく「装うすべ」をまとめたこの一冊が、おしゃれのみならず、心豊かな人生をはぐくむ種になれたらうれしいです。

文化服装学院学院長

相原幸子

## *Chapter 1*　今だから踏み出せる、初めの一歩

## *Chapter 2*　“好き”から“似合う”を見つける

# Contents

文化服装学院の入学式会場
遠藤記念館にて

*30 Tips*
*for Life*

*Chapter 1*

# 今だから踏み出せる、初めの一歩

おしゃれを楽しむのは、若者の特権と思い込んでいませんか？
でも、ファッションだって成功も失敗も繰り返してこそ
自分と向き合う余裕が生まれ、臆せずトライできるのでは。
だから今、新たなスタートを切る絶好のタイミングです。

# 自分を知る

年齢を重ねた
今を意識することで
自分らしさを見つけて

01 *Know yourself.*

好きで頻繁に着ていた服が似合わなくなった。最近同世代から、そんな言葉をよく耳にします。でも、年齢とともに体型や好みが変わり、同じに無理が出るのは当然です。私も60代になって肩やおなか回りに肉がつき、バストからもものあたりまで下がっているな、と日々実感しています。ですからきちんと変化を意識して服を選び、着こなすことが肝心です。

例えば、首のしわが気になる場合。見せるなら衿ぐりに窮屈感がなく、広すぎない適度なあきぐあいを吟味。おすすめはすっきりとした印象のVネックで、アクセサリーをプラスしてエレガントに。隠したい時は衿が高すぎないタートルネックを。黒い薄手が一枚あると便利です。

若者向けの店にも気に入る服はあると思いますが、必ず試着を。上ものは特に袖ぐり、ボトムはウエストやもも回りのサイズ感が全然違います。ただ、たとえ大人ブランドでも試着は必須。今の自分を知ることが"似合う"につながるからです。

ショールカラーのプリーツジャケットは、重宝している一着。絶妙な衿あき加減、ウエストや前裾のカッティングなどがプリーツの流れとともにすっきり効果を。

長女が結婚する際には、ウェディングドレスを製作。上質な張りのあるミカドシルクを選び、シンプルですが娘が美しく見えるようにデザインしました。親族も友人も個性豊かな装いで祝福してくれました。

Everything is up to you.

02

# 悩みは自分次第

特別な日でも
肩ひじ張らずに
私らしく

冠婚葬祭の装いに、悩む人が多いと聞きます。喪の場合は悼む心を表わすためにも、ブラックフォーマルかそれに準ずるものを用意しておくに越したことはありません。でも、結婚式や披露宴、祝賀会など、晴れの席はあまり堅苦しく考えなくてもいいのではないでしょうか。

結婚式の列席者はタブーとされている白も、私はアリだと思います。白といってもトーンはさまざま。ほかの色が映えることを生かして、小物やアクセサリーで華やかさを加えると雰囲気が変わります。パーティもドレスを必死に探し回ったり、わざわざレンタルしたりする必要はなし。好印象なのは光沢やとろみ、ジョーゼットやレースのように上品な透け感がある素材。そんなアイテムを持っていなくても、コーディネート次第でいかようにも。“場のふさわしさ”をわきまえてカジュアルは避けたいものですが、気負わず自分らしくいられる服を。そして、心から祝う気持ちが大切です。

03

*Let's start from the display window*

# ショッピングの基本はウィンドウ

自宅にいながら買い物ができる昨今。服の場合は特殊なボディスーツがサイズのデータを把握し、自分の体型に近いものが試着せずに見つかる時代です。便利ではありますが、ウィンドウショッピングほどおしゃれ心がくすぐられることを失くすなんてもったいないなぁ、と思います。街をブラブラ歩き、ふらりと立ち寄ったブティックで素敵な服に遭遇する。疲れたらカフェに入り、お茶を飲みながら行き交う人を眺めてファッションセンスを盗む。私は思いがけない出会いからあれこれイメージを膨らませ、見て触れて試着して悩む時間も楽しいのです。

そして、気に入る服が見つかったとしてもすぐ買わず、取り置き期間を利用して一旦キープ。好きなものはそう変わらないので、同じような服を持っていないか家で再確認。検討したうえで、やはり欲しかったら購入します。衝動買いは失敗と後悔のもと。タンスに眠ってしまう服を集めるのは、もう卒業しましょう。

ファッションの専門学校で教員を40年していると、世界に羽ばたいた教え子の活躍を目に、耳にします。だから、日本でデザイナーデビューを果たし、世界を目指して頑張っている卒業生の作品はできる限り“着る”という形で応援しています。

その一つ、写真のスカートはアパレルデザイン科で教えていた中章さんが手がけたもの。第一印象は、柄の強いピンクが派手に思えて「似合わないかな」と。布に張りがあるので、太って見える心配も頭によぎりました。でもはいたら、ピンクはほどよいアクセントに。布の張りはかえって肉感を拾わず、シルエットもきれいに表現。心配は見事に払拭され、好きなワードローブがまた一枚増えました。常に、新しい素材やデザインに挑戦している若手デザイナー。熱い思いが投影された服に着る側の気持ちも高揚して、いくつになってもチャレンジ精神を忘れてはいけないのだと痛感。何より、教え子の作品を着られることが心からうれしくて、教師冥利に尽きます。

# 年齢に縛られずチャレンジ

“食わず嫌い”は
おしゃれの敵。
気負わず挑戦を

ラメがそっと輝くジャカード素材が、ふんわりスカートを大人顔に。この日はレザーのブルゾンとショートブーツを合わせて甘辛テイストで。

日常の服をしまうクローゼットは、一緒にお嫁入りして今も愛用。ぎっしり詰め込まず、アイテムをまとめておくと選ぶのも出し入れも楽になります。

# 今日からやれること

I do what I have to do.

05

## ワードローブは好きなものだけをアイテム別に仕分け

服をたくさん持っているからと、とっかえひっかえ。でもコーディネートがしっくりせず、一日中落ち着かない……。そんな失敗を繰り返している人に伝えたいのは、みんなそれほど他人の服装を気にしていないこと。気候の変化やTPOに対応できる分は押さえつつ、ほんとうのお気に入りをそろえて。残念な着こなしになるくらいなら、一週間に同じ服が何度か登場してもいいと思います。量より質で選んだほうが、毎日心地よく過ごせるはずです。

私は毎朝ベッドの中で天気を確認し、「一日何をするのか」「どんな人に会うか」を考えて決めています。その選択をスムーズにするために、日々クローゼットの整頓を心がけています。コート、ジャケット、ワンピースなどアイテム別に分けて、着用後はそこへ戻すだけで充分。慌ただしい朝でも迷うことなく、着たい服が自然と見えてきます。おしゃれはあくまでも、楽しんでするもの。今日から少しずつ、クローゼットを整頓してみましょう。

06

*Good shoes makes good posture.*

# 履きやすい靴で姿勢よく

足に合うのは大前提。
歩く姿が美しく映る
デザインを選んで

学生に体格を気にしていると相談された時は、迷わず「ヒールのある靴を履けば姿勢がよくなりますよ」と答えます。文化祭のファッションショーに出るモデルは10cmヒールで練習すると、みるみるうちにスタイル抜群になっていきます。ただ、ショーはひととき。普段履くにはヒールが高いと疲れて、かえって姿勢が悪く見えます。ヒール高は背伸びする感覚の4～5cmが目安。スッと立って颯爽と歩いていたら、どんなに美しいことでしょう。

また、色やデザインにも注目を。ワードローブを考えながら、私は洗練されたスタイルに見える黒を基本にしています。そして時には、グレーやベージュで軽さを出すことも。パンプスは甘めのリボンつきなど装飾を避け、シンプルな中にモダンな遊びが添えてあるほうがあか抜けた印象に。スニーカーは、ラフすぎたり極端に派手だったりはタブー。試着して自分の足に合うことは最優先ですが、足もとだけでもトーンが違えば装い全体が台なしです。

右上は光るグリッターソールで、真ん中はフリンジや金具で遊び心が。下のスニーカーはミニマルなフォルムに、パテントレザーがアクセント。

36½
WOMEN'S SIZE
HIROKO KOSHINO
ecco

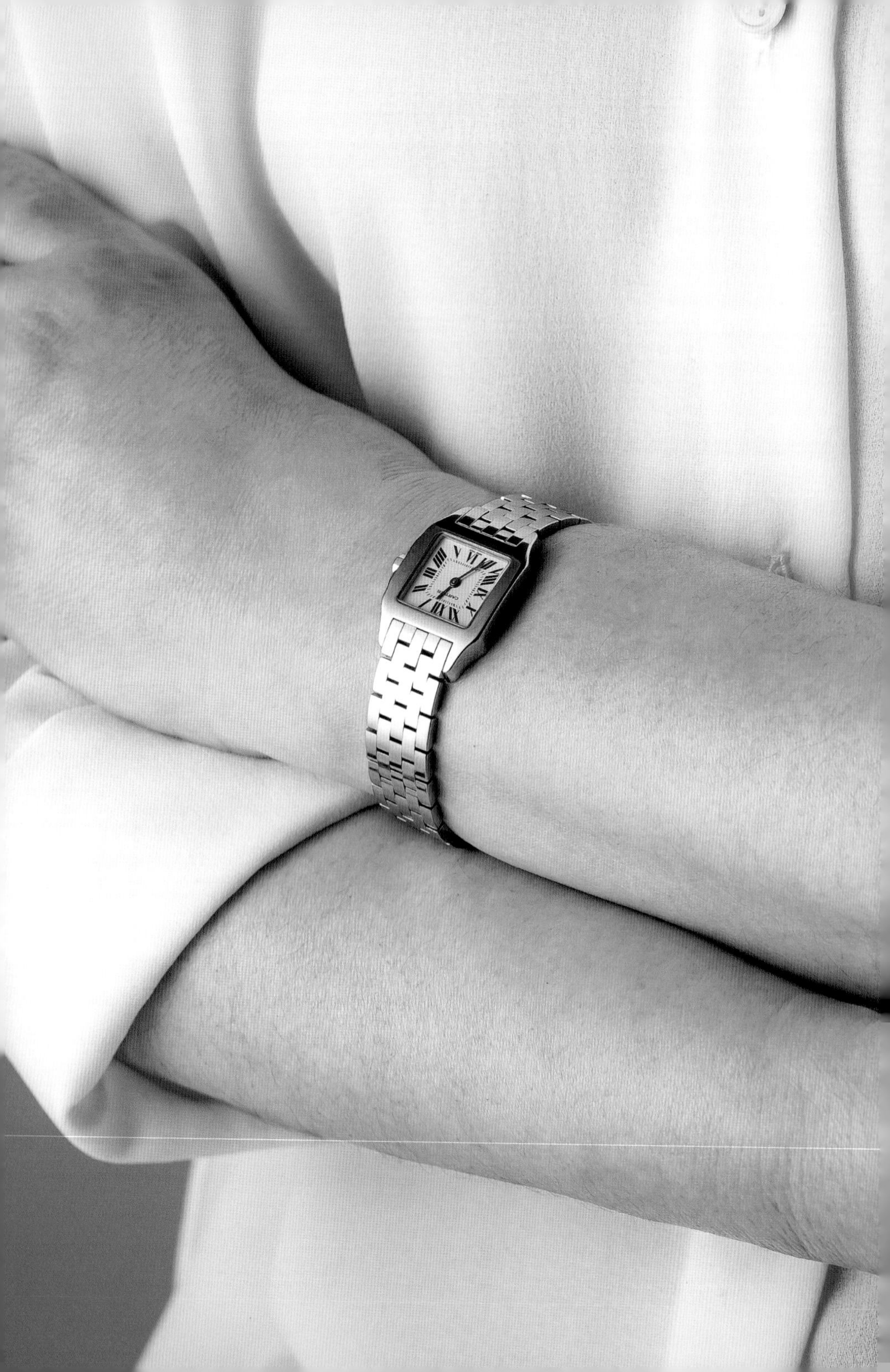

カルティエ"サントス ドゥモワゼル"は、2005年に登場したアイコンウォッチの一つ。実用性と優美さを備え、シーンを選ばないデザインです。

# 時間厳守

信頼関係は、
時間を守ることから。
お気に入りの時計を

The habits of punctuality.

07

人との信頼関係を築くには、まず時間を守ることから始まります。職場はもちろん、親しい友人や家族であっても心がけが必要だと思っています。だから、日々腕時計をつけて、時間を大切にしたいものです。

時計を選ぶ際は「少し高いかな」と感じても、ぜひ気に入ったものを。思い入れや思い出があるとなおさら、いつも身につけていたくなるのではないでしょうか。私は20年ほど前に久しぶりに訪れたパリで、飽きのこないデザインを求めてカルティエの本店へ。悩みに悩んだ末、定番モデル、サントス ドゥモワゼルの一つを思い切って購入しました。決め手は、手首に吸いつくようになじむところ。軽やかにフィットして、つけていることを忘れそうになるのです。そして余談ですが、購入時に通された店舗奥のサロンには飲み物が用意。ブランドロゴ入りの袋は盗難防止のためか、さらに白い袋に入れてくださいました。そんなうれしい心づかいも胸に刻まれた腕時計を見ながら、毎日"時間厳守"で過ごしています。

朝はフィンランドで見つけた
コーヒーカップで一日の始まり

*30 Tips*
*for Life*

*Chapter 2*

# “好き”から“似合う”を見つける

ファッションへの興味は、おしゃれのファーストステップ。
ただ、“好き”だけに縛られすぎると、残念な装いに
なりかねません。“好き”なものから“似合う”をちゃんと
見極めれば、表情までいきいき。自信にもつながります。

08

*Think the body of the line.*

体につかず離れずの適度なコシと落ち感があるポリエステルジョーゼット。透け加減も上品で、ミニマルなデザインでも女性らしさが漂います。

# ブラウスは体のラインを考えて

## 自分にとってのほどよいゆとりと素材選びが大切

愛用の白ブラウスは、衿が小さめですっきり。袖ぐりが深くゆったりして袖口が細いドルマンスリーブは動きやすく、しぐさがしなやかに見える頼もしい一着です。

清潔なイメージがある白いブラウスは、一着は持っていたいアイテムです。トップスこそ顔に一番近い服なので、衿ぐりのあきぐあいや袖ぐりの深さが大切。体のラインを強調しないゆとりは必要ですが、大きすぎは格好悪いもの。ピタピタも心地悪いので、自分に"ほどよいジャストサイズ"を探るためにも試着を。妥協せず、気に入ったものを長く着ましょう。

また、白いトップスは汗をかくと目立ち、食べ物でシミをつける時も。だから家庭で、それも洗濯機で洗える素材が安心です。私好みはポリエステルジョーゼット。しゃり感とドレープ性を併せ持ち、シルエットをきれいに見せてくれます。ワンピースの上にはおって裾をしばると、また違う雰囲気に。日々のワードローブは手軽に洗えることに注目し、そのうえアイロンいらずだととても便利。購入の際、洗濯表示の確認は必須です。間違っても、縮みやすくシワになりやすいレーヨン素材を選ばないよう注意してください。

# シャツの着こなし

## 艶やかな素材や
## ディテールの遊びで
## こなれた装いに

このシャツは、お気に入りの一つです。出会いは、黒いジャケットのインナーを探していた時。素材がトリアセテートポリエステルのサテンで光沢があり、フロントは布が滝のように流れているカスケードに。まず、特別な感じが出せるポイントに惹かれました。そして、丈はヒップにかかるくらい長め。ジャケットの裾からのぞき、かしこまりすぎずおしゃれに着こなせそうなイメージがわいたのです。インナーとしてでなく、単品でパンツに合わせても、気になるおなかから腰回りをカバーしてくれるのはうれしいところ。さらに、肩が凝らない着心地のセミラグランスリーブと、いいこと尽しでした。

大人の女性にはシンプルでかちっとしたコットンやリネンのシャツより、少しデザイン性があるほうがふさわしいと思います。ともするとカジュアルになるアイテムは、小粋な揺らぎがエレガントさをもたらす要素に。どんなシーンも「エレガントであること」をモットーに、シャツ一枚でも着こなしの幅を広げてみては。

09 *Dress shirt.*

素材やデザインの遊びが、優美なニュアンスを。肩線の途中にダーツをとったセミラグラン袖は、ラグランほどスポーティにならず着やすさが。

# スカートは丈とシルエット

裾広がりのデザインはミディ丈で、しなやかに揺れる素材がエレガント。ちなみに私は、プリーツやアンブレラスカートをよくはきます。

# 脚の形によって、丈の印象が変化。相性はシルエットと素材にも

*Skirt length and silhouette.*

10

似合うスカートは、人それぞれ異なります。丈は脚の骨の形や筋肉のつき方、肉づき、長さ、さらには腰の位置などによってバランスが変化するからです。だから鏡の前で、長めのスカートをはくか当てるかして、裾を上下してみてください。その時は必ず背筋を伸ばして立ち、靴を履くこと。ひざがちらりと見える丈がしっくりくる人もいれば、ふくらはぎや足首くらいのかたもいるでしょう。でも、それが個性。1cm違うだけでも印象が変わるので、丈は大事です。

素材はタイトスカートのように体のラインにそうシルエットなら、やや厚地でしっかりしたものを。体から離れるプリーツやフレアスカートは、柔らかいシルクやポリエステルなど、動きが出て透明感のある素材が軽やかに着こなせます。好みもあると思いますが、デザインと風合い、そして丈がぴたりとはまれば気分も上げてくれるのがファッション。うまく着こなせないと感じている人もそうでない人も、この機会に一度自分に似合うスカートを吟味してみましょう。

「動きやすくて
すっきり」が格好いい。
楽なゴム仕様は逆効果

パンツを格好よくはきたい。はきやすく、脚も長く見えたら。そう思っている人は多いのでは。私が重宝しているのは前が少しハードな印象の合成皮革、後ろがレギンスのようなはき心地のニット素材です。ストレートシルエットで、ヒップが隠れるトップスやワンピースに合わせても軽やかで暖か。色は、黒とこげ茶を持っています。自分に似合うパンツが引き締め効果のある濃い色で、すっきり見えればコーディネートが変わるはず。旅行や気楽なパーティにも活躍すると思います。

着脱やウエストが楽だからと、ついゴム仕様を選びたくなる年代。でも実は、ギャザーがおなかの膨らみを誇張することに。また、年を重ねて張りがなくなったヒップの扁平さを、かえって目立たせます。まとわりつくような素材も、体の線が出やすいので避けたほうがベストです。

そして、靴はヒールのあるものを選べば、背筋がピンと伸びて凛とした印象に。ワンランク上の装いが無理なく叶います。

# パンツの選択

11

*The selection of pants.*

艶のあるフェイクレザーとマットなニット。前後が同色でも、素材感の違いで生まれるコントラストが脇の縦線を強調。ほっそり見えるうえに脚長効果も。

12
Presence
of denim.

ワークウェアの素材として誕生した、厚手で丈夫な綿織物"デニム"。ジーンズに代表されるように、着込んでついた擦れや汚れが多少ついてもサマになり、いつの頃からかカジュアルスタイルになくてはならない存在になりました。かつては躊躇した場でも、今やコーディネート次第でさまざまなシーンに活用されています。

デニムの加工は、ブリーチやダメージ、バイオ加工など多種多様。このグレーのジャケットはボールバイオ加工してヴィンテージの風合いを出し、右身頃に装飾が加えられたもの。モード感があって着るほどに味わいが増し、登場回数が多い一枚です。デニム、中でもジーンズはインディゴが王道ですが、私たち世代はグレーや黒を試してみてください。このジャケットのように装飾がなくてもブローチでポイントをつければ、カジュアル感が軽減できて大人らしく装えます。

カジュアルな素材は
色調やあしらい一つで
大人モードに変身

# デニムの存在感

このジャケットは丈が短く活動的で、スカートにもパンツにもしっくり。右前にあしらわれたスタッズやビーズ刺繍が、おしゃれ度を高めて。

13

*Column*

*1*

# 洗濯表示をチェック

## 〜自分で洗えるものを選ぶ〜

服を購入する際は、タグや裏側についているラベルを必ず確認してください。品質を保証するものであり、素材と取扱いに関することが記載。商品知識がなくても用途に合う一着を選ぶためには、作り手から提示された性能やアドバイスを活用しない手はありません。

繊維製品のケア方法は、JIS（日本工業規格）で定められた記号で表示。2016年12月より、ISO（国際標準化機構）の規格に整合した洗濯表示が施行されています。家庭洗濯できるのか、ドライクリーニング処理が向いているのか。家で洗濯できる場合は洗い方や干し方、漂白のしかた、アイロンのかけ方などの判断基準を示しています。

その表示を基に、日常服は自分で手軽に洗えるものを選びましょう。溶剤を用いるドライクリーニングは、油脂汚れは落ちますが、汗や果汁など水溶性の汚れは残ります。だから、素材やデザインで一般的な衣類用とおしゃれ着用の洗剤を使い分けながら、洗濯機で洗濯を。私は、基本的にはしわがつく脱水を軽めにかけて陰干しします。刺繍やビーズがあしらわれたアイテムは、裏返して洗濯ネットを使用。冬の定番になりつつあるカシミアのセーターも、自宅で洗うのが当たり前に。まめに洗えたほうが清潔ですし、着る機会が増えますよね。お気に入りを存分に、快適に楽しみたいなら洗濯表示のチェックは不可欠です。

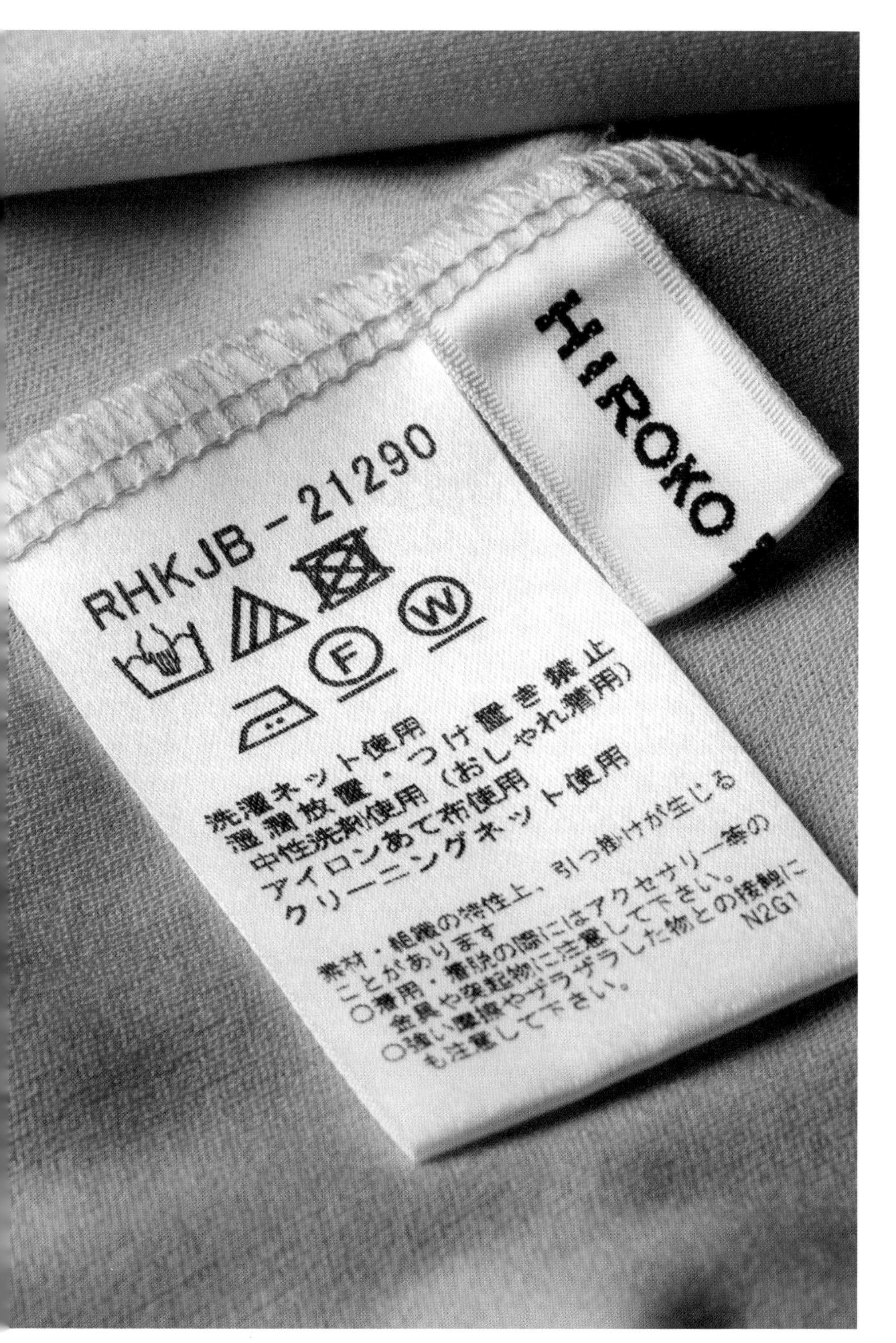
HIROKO
RHKJB－21290
F
W
洗濯ネット使用
湿潤放置・つけ置き禁止
中性洗剤使用（おしゃれ着用）
アイロンあて布使用
クリーニングネット使用
素材・組織の特性上、引っ掛けが生じる
ことがあります
○着用・着脱の際にはアクセサリー等の
金具や突起物に注意して下さい。
○強い摩擦やザラザラした物との接触に
も注意して下さい。
N2G1

14

*The presence of the jacket.*

鮮明なシングルタイプは、
会食にも
正式な場にも

# ジャケット一つで変幻自在

スーツは「そろい」という意味で、同素材のジャケットとボトムがセットになったアイテム。ただ、ビジネスやフォーマルシーンにはスーツ、という先入観にとらわれていませんか。私はスーツでは買わず、ジャケットを着回しています。購入時の価格帯が抑えられ、手持ちの服とコーディネートできるので経済的。堅苦しくならないですし、上下別のほうがバランスもとりやすいと思います。

選ぶ時は、はっきりとした色がおすすめです。黒はフレキシブルなので、一着は持っていると重宝します。また、鮮やかな色なら場の雰囲気が華やいで、高揚感も得られます。例えば、ロイヤルブルーは上品で顔映りがよく、グリーンは肌を白く見せて新鮮味が。女性らしいピンクはジャケットなら甘くなりすぎず、表情が明るく。打合せはダブルより、インナーが映えて印象が変わるシングルを。インナー次第で会食や観劇、アクセサリーをアレンジすれば結婚式やパーティでも大丈夫。その応用範囲の広さは、想像以上ですよ。

黒い一着は、衿のサテン地やブローチで艶感を。鮮やかな色は一枚でも充分華が。私はよく、黒いコットンシフォンのハイネックにはおります。

15

*The leather blouson.*

しなやかさと
クールさが響き合い、
ひと際女性らしく

ジャケットには、ブルゾンのようなカジュアルタイプも含まれます。素材はさまざまですが、レザーなら装いのほどよいスパイスに。しなやかさとクールさの相乗効果で、女性らしさを引き立てます。

レザージャケットを選ぶポイントは身幅が大きすぎず、丈も長すぎないこと。服の中で体が泳ぐようなサイズ感だと、やぼったく見えてしまいます。そして、素材と作りの見極めも大事。種類はシープやカーフ、ピッグなど多々あり、なめし方や加工などでも質感に違いが。写真のライダースジャケットはシープレザーの中でも、キメが細かくしっとりとなめらかな肌触りが特長のラムスキン。柔らかさや軽さも好もしく、袖を通すたびに体になじんできます。最近は薄手に仕上げたものが多く出ていて、肩が凝らず布帛では味わえない着心地。私は黒が好みですが、巷では優しい色合いも人気とか。きちんとお手入れすれば長くつき合えて、どんどん風合いが増すところも魅力です。

# レザーのブルゾン

レザーのライダースジャケットは、印象が男前。ハードになりすぎないように、ボトムはふんわりスカートやしなやかなワンピースと合わせます。

HIROKO KOSHINO

16

*The first Coat.*

コートは何枚かそろえていると思いますが、「帯に短し襷に長し」がたくさんあっても場所をとるだけ。シーンを選ばず着こなせれば、毎日の装いもクローゼットも驚くほどスマートに。心機一転の一着を挙げるなら、断然黒のロング丈です。打合せはコート地の厚さを考慮して、布の重なりが少ないシングルですっきりと。衿なしよりハイネックや衿腰が高めのほうが防寒でき、丈と相まって縦長効果も期待できます。そして最も重要なのは、体に合うサイズを見立てること。ピタピタやオーバーサイズは太って見えるうえ、年齢を感じさせるので要注意です。

また、黒をチョイスする理由は、コーディネート力の優秀さ。アクセサリーやスカーフで手軽に遊びを添えられて、スニーカーを履いてもシックに。カジュアルスタイルに差がつけられるだけでなく、冠婚葬祭にも堂々と着られます。上質かつシンプルなデザインのコートを選りすぐり、寒い冬を軽快に乗り切りましょう。

着回し力が格段に高く
シックに映る
黒のロング丈をぜひ

# 一着めのコート

私の一着めは、リラックス＆デイリースタイルを提案する「ウィークエンドマックスマーラ」のもの。リュクス感がさりげなく、軽くて暖かです。

# ダウンコートはよいものを

高品質かつ
洗練された素材と
デザインを選んで

ダウンコートは、みなさん一着はお持ちではないでしょうか。最近は手頃な価格帯のものが増えて、手に入りやすいこともあるかと思います。ただ、冬のアウトドアスポーツ向けに誕生したアイテムなので、どうしてもカジュアルになりすぎる傾向が。ここは思い切って、上質なものを選ぶことをおすすめします。

私が買ってよかったと実感する服の中で、モンクレールのコートは上位です。しっとりとソフトな感触で、光沢がある布地の高級感。選りすぐりのホワイトグースダウンは軽さと暖かさが格別なうえ、形くずれしにくい弾力も。そして何といっても、ほっそり見えるデザインがうれしいところです。気に入ったモデルは黒とベージュで迷いましたが、柔らかな雰囲気のベージュをセレクト。スカートにもパンツにも合わせやすいひざ丈も、着回しが利くポイントになっています。普段はもちろん、冬のヨーロッパのように芯から冷えそうな時期の長旅にも心強くて最適。一度着たら手放せないアウターです。

密な織りのナイロン地はしなやかな肌触り。キルトステッチの幅や羽毛の量配分、ウエストの絞り加減なども計算されてスマートな仕上りに。

衿にはフードが収納。
立てれば防寒に頼もし
いのに表情が柔らか
く、前のボタンをあける
とステンカラーに。そん
なタウンユースしやす
いディテールも魅力。

*Little black dress.*

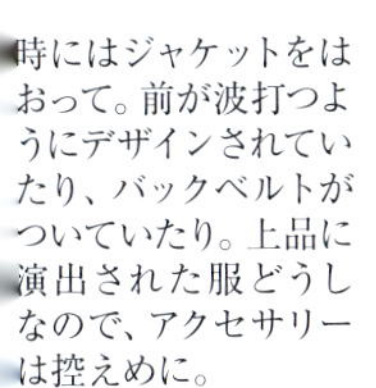

時にはジャケットをはおって。前が波打つようにデザインされていたり、バックベルトがついていたり。上品に演出された服どうしなので、アクセサリーは控えめに。

デイリーに着る黒いワンピースドレスは、選ぶ時に押さえたいポイントがあります。一つはプレーンすぎてお葬式に行くのかと勘違いされない、ワンランク上のデザインであること。もう一つは、素材やディテールにも表われる品のよさが大切です。無理に若く見せたり、流行に左右されたりする必要はないと思っています。

このワンピースは、アキラナカの展示会で出会いました。適度なゆとりを入れながら裾の広がりを抑え、身のこなしがおだやかに映るボックスシルエット。大きなポケットや幅広カフスがアクセントです。素材は光沢があるウールと化繊の混紡で、ほどよい厚みと落ち感がシルエットとともに体型カバーに一役買っています。また、衿から胸もとに配したレースは、しっかりした素材感。レースが光ってペラペラだと安っぽいので気をつけて。これは風合いのある糸が使われ、表情が浮き立つ品のいい仕上りだから、式典や祝賀会など、晴れの日にも対応可能です。

すっきり見える
エッセンスが、大人に
ふさわしい気品を

# ブラックドレスの選び方

19

*Add furry accessories.*

# 毛皮の小物をプラスして

本物みたいに
ふわふわで暖かく
至福の着用感

とても暖かく、ゴージャス感を醸し出す毛皮。ただ、現在のファッション界では環境・動物愛護の観点から、リアルファーを扱わないブランドが増えています。そこで注目したいのが、本物の毛皮を模したフェイクファー（人工毛皮）です。昨今はファッション性とともに、品質も劇的に向上。特に染色技術が上がっていることもあり、見た目も柔らかな肌触りもかなり本物に近づいています。

アウターや帽子、バッグなど、アイテムが多々登場していますが、ストールは2万円前後で購入が可能。軽くてアレンジが利くので、一つ持っていても損はありません。セーターやコートの上に、そして和服にも。さらっと巻くだけで、普段の装いをぐっと華やいだ雰囲気にしてくれます。また、自宅で洗えるのもフェイクファーの利点。暖かさゆえに汗ばんだ日が続いたら、おしゃれ着用洗剤で洗濯。ドライクリーニングに出した時の、独特な臭いが漂うことなく快適です。

このストールは、滑らかなフェイクファーのテープとニットで編まれたもの。ニットが巻いた時のフィット感を高め、ボリュームもほどほどに。

*Elegance of pearls.*

6月の誕生石で、石言葉は「健康・富・長寿・円満」など。ネックレスやピアスを日々つけ替えていると、いつしかお守りみたいな存在に。

奥ゆかしくて
肌になじむから
ぜひ日常使いを

# 真珠の気品

ジュエリーといっても幅が広く、世界中の国や地域で好まれるものはそれぞれだと思います。日本では、真珠の人気は永遠ではないでしょうか。中でも、アコヤ真珠の照りはダイヤモンドに匹敵するほど美しく、清楚でいて深みのある色調は日本人の肌にしっくり。私の頭に真っ先に浮かんでくる「似合う人」は、美智子皇后です。優しさと品格が備わっているかたは、真珠の持つ気品と響き合う気がします。海という自然環境ではぐくまれる真珠は、種類も色味も多彩。手間ひまかけて生み出される"気品"を目の当たりにすると、ついシンプルなものを「特別な日に」と思いがち。でも最近は、ゴールドやプラチナをミックスした個性が光るデザインも。

私は白のプレーンなネックレスとピアス、黒いバロックのネックレス、大きなグレーを配したステーションネックレスなどを使い分け。毎日のように身につけて感じるのは、カジュアルな装いに合わせたほうが、真珠が際立って格好いいです。

# 軽いバッグ

肩凝り知らずで、
使い勝手と小粋さが
備わっていれば好適

21 *Light bag.*

バッグを購入する時は、第一に軽さを確認します。軽さがクリアしたら、デザインや機能性をチェックしたり、鏡に全身を写してサイズ感のバランスを見たり。どんなに気に入った姿かたちでも、本体が重いと中身を入れたらどうなるでしょう。肩凝りの原因になって、機会を見つけては置きたくなり……。だんだん持ちたくなくなりますよね。

そんな私基準で選び、愛用している軽いバッグを少し紹介します。写真手前のトートは本体がナイロン地で、折りたたみ傘やスカーフなどいろいろ入る大きさも便利。左上のショルダーは、ナイロンと皮革のコンビ。肩かけでも手持ちでもバランスがよく、15年以上経っても古びないのがお気に入り。右上のハンドバッグはポリエステル素材にポリウレタンコーティングが施され、イタリア製ならではの堅牢さです。

メイン素材のナイロンやポリエステルは上質で丈夫。普段使いには機能性とモダンさがあり、何といっても軽さがうれしい大人仕様に限ります。

大人バッグには負担なく持てる軽さのほか、確かな素材と作りも大切。ブランドは手前から時計回りに、トッズ、プラダ、ゲラルディーニ。

# 22

*A trip wardrobe.*

# 旅のワードローブ

私は旅行が大好きです。計画を立てている時からすでに旅が始まり、予定が決まったら「服の計画」を立てて、荷造りするのも気持ちが弾みます。

土地の気候はもちろん、市街が郊外か、バス移動なのか歩くのか、食事はどんな店でとるのか。その日の行動を調べて、着る服をピックアップします。乗り物移動が長ければ、ボトムはシワになりにくいものを。パンツかスカートを選び、パンツなら窮屈感がない伸縮素材も選択肢に。着回しを考えながら、日々変えるように小物でも演出します。いくら歩きやすいからと、スニーカーだけはNG。パンプスも最低一足は用意して、夜の食事やコンサートではドレスアップ。普段勇気がなくて袖を通していなかった服にトライしたら、思いがけず褒められたことも。

旅先こそおしゃれをしましょう! 現実の世界からいっとき離れて美しい景色を眺め、おいしい料理を食べ、ファッションを楽しむ。これこそが旅の醍醐味です。

## 非日常ならではの<br>その日その時の<br>おしゃれ計画を

シンプルでラフすぎない、ニットや靴は必須です。一つで印象が変わる、スカーフとアクセサリーも少々。ただ、香りは普段使いのもので安心感を。

23

*Column*
*2*

# 無理のない下着

下着を試着しないで、ましてや通販で購入していませんか。かくいう私も、テレビショッピングで買った時もありました。着装の前後が比較され、変化があると購買意欲をかき立てられて。でも体に合わず、何度失敗したことか。体へのフィット感が最も求められる下着こそ、買う前に一度つけてみなくてはいけないアイテムなのです。

そして、思わぬ発見があるのも試着をすすめる理由の一つ。ブラジャーを選びに行ったら、体型の変化に伴いカップがサイズアップしていたという予想外の展開に。胸がちゃんとおさまり固定すれば、ウエストが自然と細く見えることも判明。また、ガードルは窮屈なイメージがありますが、サイズが合えば気持ちがいいもの。最近は、足の運びを軽やかにする画期的なものも。テーピング原理を応用した生地を使い、股関節を優しくサポートするそう。私は重ね着しないで済み、ウエストや腰回りがもたつかないブラキャミソールとガードルをセットで着用。ウエスト部分が重なり表に響くような段差が出ないので、服のシルエットがきれいだからです。

下着売り場をのぞくと、さまざまな体型別に開発されたデザインも多く、進化に驚きます。サイズが同じでも着用感もフィット感も異なりますし、選択肢がどんどん広がっている現在。ひと目ぼれの即買いはNGと心得て、面倒がらず躊躇せず試着しましょう。

お気に入りのフレームを見つけて
度つきサングラスにしました

*30 Tips*
*for Life*

*Chapter 3*

# おしゃれ心が日々に
# ゆとりと豊かさを

一喜一憂した時、一番そばにあるのがファッションです。
だから、せわしない毎日でも一瞬歩く速度をゆるめてみませんか。
心の機微に触れるおしゃれが日常に余白をもたらし、
深みを増してくれるものだと気づくはずです。

24

*Longing for Hermes scarf.*

上質な一枚で装いが
クラスアップして
幸せな気持ちにも

# あこがれのエルメスのスカーフ

文化服装学院の学生当時、学院長だった野口益栄先生が授業で話されたことを今でも鮮明に覚えています。

「エルメスのスカーフは他のそれと一線を画し、着慣れた服に合わせても装いの格が数段上がる」

その言葉に、高校を出たばかりでエルメスの「エ」の字も知らなかった私は衝撃を受け、「いつかは」という思いを抱くようになりました。それから何年か後にフランスを旅した際、選んだのが90cm四方のスカーフ“カレ”。あこがれ続けた一枚は、手にした瞬間からほんとうにワクワクしました。この上なくなめらかでほどよいコシもある厚手のシルクツイルは、美しいドレープが生まれてシワになりにくい。格段に心地いい衣擦れの音、繊細に描かれた色とりどりの模様にも気分が上がります。

値が張ると感じるかは人それぞれですが、身につけるだけで幸福感を得られることは間違いありません。いつまでもいきいきと過ごすためには、「上質なスカーフを一枚」という贅沢も必要ではないでしょうか。

メゾン創業の歴史を物語る馬具、古きよきフランスの風景、異国情緒あふれる動植物など、多彩なモチーフが表現された“カレ”。巻き方次第で印象ががらりと変化する楽しみも。(左)“折畳み式幌の馬車／LES VOITURES À TRANSFORMATION”。(中)“熱帯のモダニズム／MODERNISME TROPICAL”。(P.58&右)“乗馬の装具一式／PANOPLIE EQUESTRE”。

25
Switching
heart,
piercing.

# 心のスイッチ、ピアス

細やかなおしゃれが
くじけそうな
気持ちにエールを

心が折れそうな時期、耳もとで励まし続けてくれたダイヤモンドのピアス。そっと寄り添う輝きのお陰で何とか乗り越えられ、今日があります。

子育てと仕事の両立に奮闘する人。親の介護にかかりきりの人。女性の中には息つくひまも、おしゃれに気を配る余裕もない時期があるのではないでしょうか。ただ、そんな時こそおしゃれ心を失わず、小さな幸せを見つけたいものです。

私は娘二人を育て、介護も経験しました。学生に対してどんな時でも元気に接し、笑顔を心がけて教職を続けてきたつもりです。でも、もう仕事が続けられないかも……と、くじけそうになった時、励ましてくれたのがピアスでおしゃれを楽しむことでした。自転車の前後に一人ずつ子どもを乗せて、実家に預けて迎えに行く日々。引っかかる危険性を考え、はきたいスカートや好きなネックレスを避けました。その代わり、耳もとに小さなピアスをしたら、心がウキウキして自然と笑顔になれたのです。些細なことですが、女性はピアス一つ、新しい口紅を一本買ってつけるだけでも幸せ。気持ちが弾んで、「今日も頑張ろう!」と思えるのです。

大切なものこそ
いつもつけられる形に
リフォームして

# 生まれ変わったジュエリー

この3点は、実はリフォームしたもの。もとはダイヤモンドとルビーの指輪、白い真珠のネックレスで、両親が私に残してくれた宝物です。指輪はどちらも立て爪セッティングだったため、使いにくくて長い間眠っていました。母の形見のダイヤモンドは、お守り代りとして大事な日に身につけられるプチネックレスに。ルビーは普段使いしやすいアンティーク風の台に埋め込み、何をしても引っかからない指輪にしました。どちらもすっかり見違えて、日々愛用しています。そして真珠は、自分があまりつけなくなった指輪やピアス、ネックレスなどから色とりどりの粒を選り抜き白とミックス。マルチネックレスに変身したら、単色より幅広く使えるようになりました。

リフォームを依頼したのは、デパートの宝石売り場。希望にそって加工を請け負うコーナーがあるところが多いので、眠れる宝石があったらぜひチャレンジを。思い出の品こそ身近に感じられるデザインによみがえらせて、いつまでも大切に使い続けたいものです。

26

*Reborn jewelry.*

自分好みのデザインになり、ずっと身近な存在に。ネックレスは傷んだ糸替えだけでもお試しを。地金をその日の相場で引き取ってくれる店も。

LE JARDIN
DE
MONSIEUR LI
HERMÈS
PARIS
NEAL'S YARD
REMEDIES
COVENT GARDEN
REMEDIES
TO ROLL
Night Time
9 ml 0.30 fl oz
MADE IN ENGLAND
Roses

（上から）「LE JARDIN DE MONSIEUR LI」（オードトワレ ナチュラルスプレー）／エルメス 「Night Time」（アロマパルス）／ニールズヤード「Roses et Reines」（オードトワレ ロールタッチ）／ロクシタン

# 香りの力

疲れやモヤモヤは
好きな香りで
即リフレッシュ

香水は香りに好き嫌いがあって強い印象を残すので、控えているかたも多いと思います。私は好みだけでなく、人との対面が頻繁な仕事柄、基本的にはつけません。ただ、植物由来のエッセンスを用いた、オードトワレは時々使います。つけた瞬間は香り立ちますが、持続性が弱くて後腐れナシなところがお気に入り。疲れたり気持ちを切り替えたりしたい時、手首や耳の後ろにわずかに塗れば、スッと落ち着いてリフレッシュできます。

好きな花は、ラベンダーやバラ。ラベンダーは家の玄関先に植えていて、6月頃のさわやかな香りは何ともいえない癒し効果が。バラとともに乾燥させてポプリにしたら、楽しみは続きます。また、ブルガリアンローズのサプリを飲んで気分転換や、友人と待合せしている束の間にリセットしたくなるとコスメ売り場にいることも。同じ香りでハンドクリームやボディクリームなどがそろうブランドもあるので、マイアロマを探してみては。

The power of scent.

27

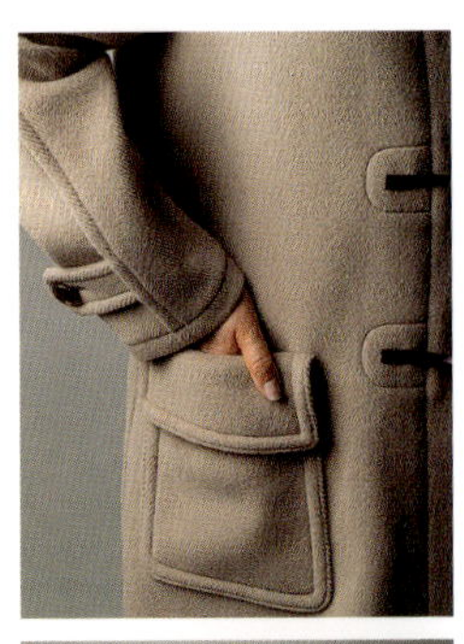

ダッフルコートは2重織りの布の表面を、起毛加工してボリューム感を。フラップつきと思わせる大きいパッチポケットをポイントに、華奢に見せながら動きやすさを考慮したデザインは秀逸です。

いつもとは趣向が違う、艶やかな色や柄を取り入れたりさりげなく凝ったアイテムにトライしてみたり。そんな遊び心は、いくつになっても持っていたいですね。右のロイヤルブルーのカーディガンは、コシノヒロコのもの。目を引く鮮やかな色合い、素材の光沢感ととろみが、動くたびに揺れるAラインシルエットをよりたおやかに。しなやかなプリントブラウスとワイドパンツにはおり、調和しながらリズミカルに映るコントラストを。また、ソールのラメが輝くパンプスで、品よくこなれ感を出しています。

また、今冬はダッフルコートに挑戦しようと、卒業生が手がけるビューティフルピープルでセレクト。一見スタンダードながら、素材やシルエットに着やすさと美しさにつながる創意が凝らされています。体になじむ心地よさを満喫でき、創意に気づくと驚きと喜びが。袖を通すことで日常に新たな視点をもたらすアイテムを展開するブランドならではのデザインは、おしゃれへの好奇心を刺激してくれました。

28

*Playfulness.*

## 艶やかな色や柄、創意を凝らしたデザインが適度な抜けやこなれ感を

# 遊び心

フランスやイタリア、スペインなど、欧州を中心に、旅先で選んだアクセサリーコレクション。どれも地元の人々が工夫を凝らし、素材使いと色合せに個性が光るデザインです。その土地の風土やライフスタイル、やり取りの一つ一つまでよみがえらせて。毎日のワードローブを彩るだけでなく、感性や感覚にまで奥行きを。

29

*Accessories I met on a trip.*

その土地の暮しや
人柄に触れた記憶が
日々を輝かせるカギに

# 旅で出会ったアクセサリー

旅に出ると、その国や地域の風土はもちろん、生活習慣まで肌で感じます。逆に、日本をよく理解ができることが。私は訪れた国の服やアクセサリー、街角で売っている安価な品を買ってすぐ身につけます。そして、まるでその国の住人かのように現地の人と触れ合うと、言葉が通じなくても温かく迎えてくれるのです。そんな時、自分のちっぽけな考えを改めさせられる場面に遭遇することもあり、特に気軽に楽しめる素朴なアクセサリーは旅先の出会いと感動を心にとめるツールになりました。

女性にとってアクセサリーとは、何なのでしょう。高価なネックレスやイアリング、指輪、ブレスレットを全部つけて、総額いくらかしらと思わせる人もいます。それは、その人を美しく見せているのでしょうか。引き算の美学をもってすると、つけたいアクセサリーが一つあったら、ほかのアイテムは控えたほうが素敵です。どんなに安く素朴でも、旅の思い出という宝物を一つ身につけ、輝いて見える女性になりたいです。

手はその人を映す鏡。
コーディネートと同様に
爪先まで楽しくケアを

# ファッションで毎日楽しく

30 *Everyday in fashion.*

手はその人の人格、生きてきた今までのうれしいことや悲しいこともすべて表われているように感じます。ちなみに、右の写真は私の手。少しずつですが、変化しているように見えるのです。以前は小さくて、指も細かったはず。ノミの心臓で、人前で話すのが苦手だったはず。それが学院長になって1年が経ったらしっかりとした手になり、そんな気づきが心持ちも変わりました。みなさんも一度立ち止まり、自分の手、自分の人生を振り返ってみませんか。

手は想像以上に、他人に見られるところ。ファッションをしぐさまでトータルで考えると、大切な部分でもあります。だから、美容院へ行くのと同じように、ネイルサロンでお手入れすることも大切です。一日に数えきれないほど、自分の手を見るのです。私は目にするたびに自信が持てるくらいの感覚を心にとめて、マニキュアは自然な色調をベースに爪先へラメを塗ると胸が弾みます。そんな風に手は、楽しみながらこまめに気にかけてあげましょう。

*30 Tips*
*for Life*

*Chapter* 4

# より快適に、朗らかに過ごすために

年相応という言葉のとらえ方はいろいろだと思いますが、
なにごとも年月の流れとともに更新することが大切です。
知らなかったり、たいして気にとめていなかったりしたことへの
関心を少し深めれば、日々の潤いになってくれます。

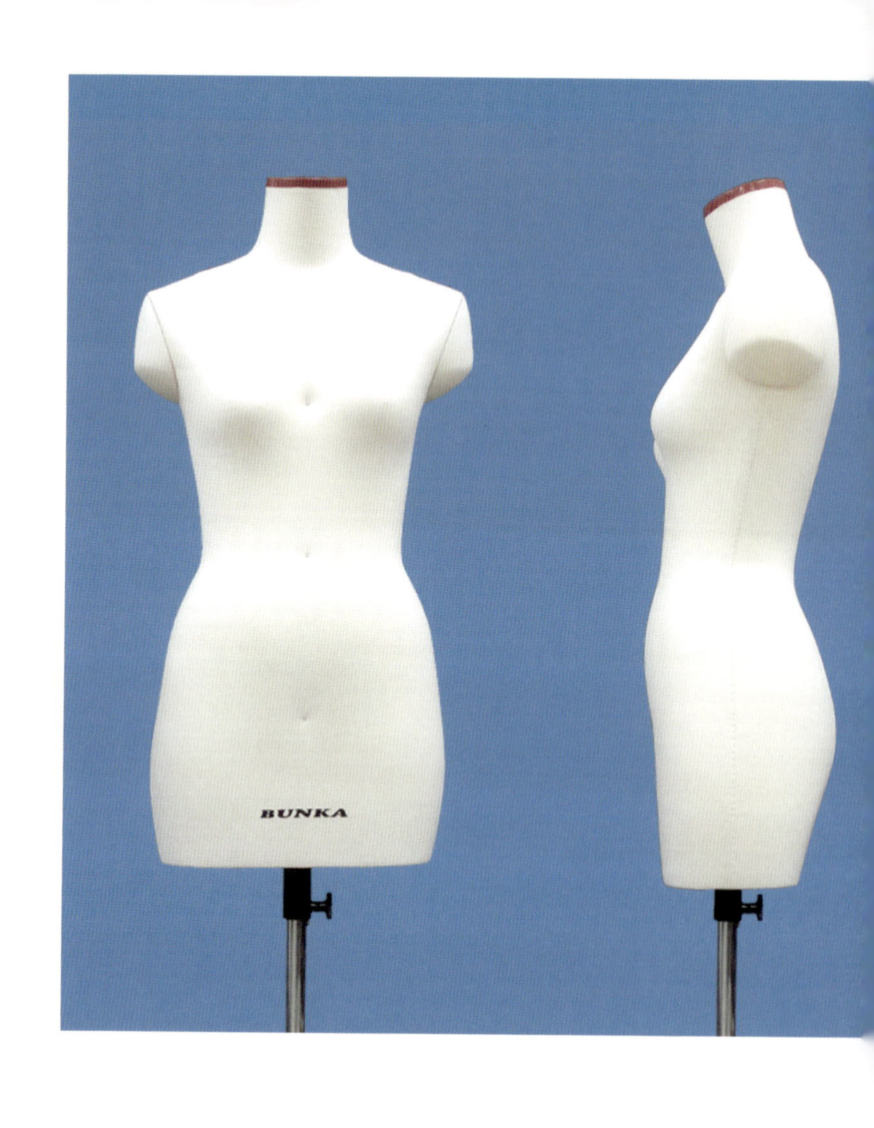


# 体型とその変化を把握する

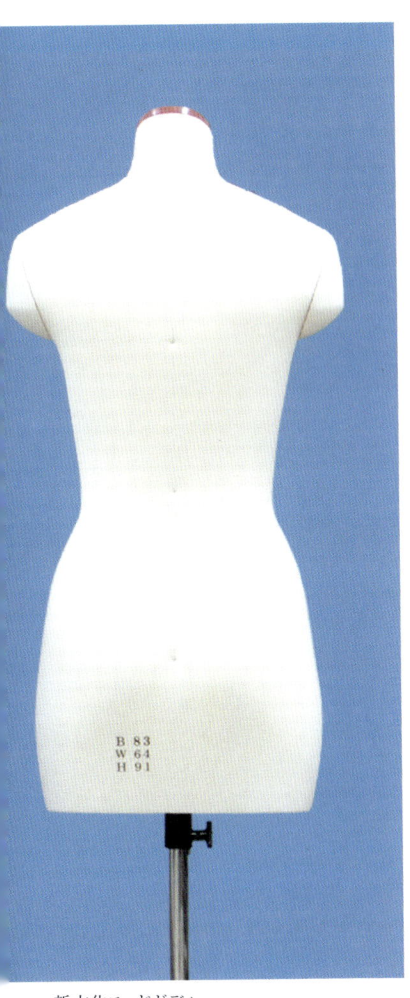


新文化ヌードボディ
サイズ 9AR

着心地のよい服とは、着る人の体型に適合するもの。動作を妨げず、美しいバランスに見えるかが重要です。そんな服とのバランスを見つけるためには、ベースとなる体型に目を向けることから始めましょう。

体型は骨格、筋の大きさや量、皮下脂肪のつき方で個人差があります。そして年齢によっても異なり、中高年以降はシルエットが大きく変わります。バストは位置が下がって外に流れ、ウエスト周辺は下腹部だけでなく胃の周りまでぽっこり。ヒップは筋肉が衰え、脂肪も下がって扁平に。また、肩や背中は丸みを帯び、首や腰は前かがみにも。それは細身のかたでも、たとえ体重に変動が少なくても肉づきや張り、姿勢にまで変化が表われてきます。

加齢による体型の変化は、度合いやスピードに個々の違いはありつつも万人に起こるもの。だからいま一度、鏡の前で自分の体型を観察して。どこを生かしながらどこを補整すれば心地よく、素敵に映るかのポイントもつかめてくると思います。

服を着る土台である
体の経年変化を知って
より心地よく美しく

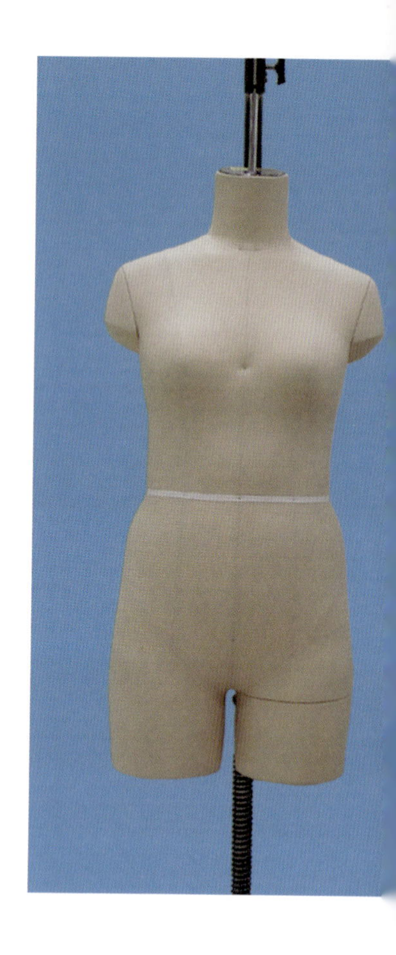

世代別のマーケティングは、衣料の分野でも進んでいる昨今。確実に層が厚くなっている50代に向けて、体型の変化形状を正しくとらえながらおしゃれな服作りを目指した裁断用ボディが生まれています。株式会社ニッセン、文化服装学院、デジタルヒューマン研究センターの共同開発のよる「文化ヌードボディ50」（右写真）です。

年齢とともに変わる体型特徴を明らかにするため、「50歳代女性の計測データを基にした体型研究」を実施。該当する日本人女性319名の体を立体的にとらえる3次元計測し、さらにデジタルで限界がある部分は石こう計測。リアルなデータから導き出された平均形状が、このボディに細やかに反映されているのです。誕生以来、青年女子から変化した体型にフィットするデザイン線の位置づけをスムーズにし、より着心地よく美しく見えるシルエットを実現。そして拡大するニーズ、40歳代後半～60際代までの幅広い年代をも取り込む、衣服製作への有効性も期待されています。

**文化ヌードボディ50寸法表**

| | |
|---|---|
| バスト | 90 |
| ウエスト | 72 |
| ヒップ | 91 |
| 背肩幅 | 40 |
| 背丈 | 38.5 |

単位/cm

## お詫びと訂正

「いつまでも美しく装うための30のこころえ」

第1刷発行の本に関して表記に誤りがありました。
お詫びして訂正いたします。

文化出版局

p.76の7行目
開発のよる（誤） → 開発による（正）

p.76の下から3行目
60際代（誤） → 60歳代（正）

p.78のキャプション
JASサイズの読み方と（誤） → JISサイズの読み方と（正）

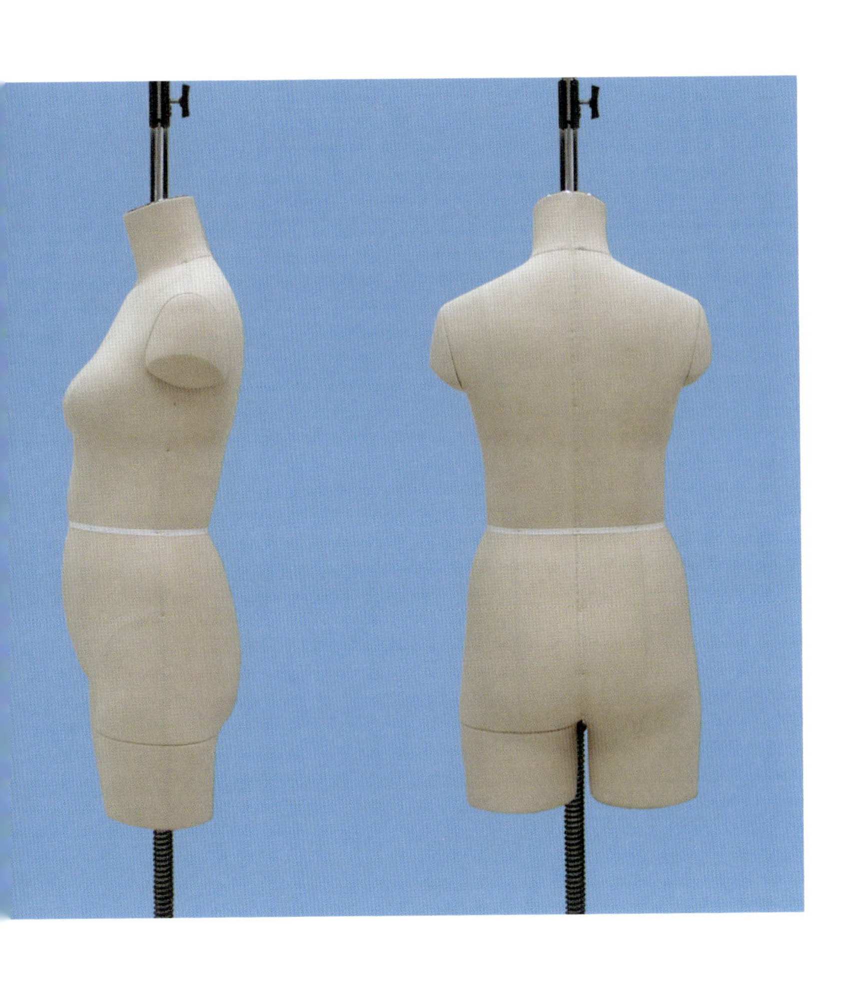

時流とファッション性をくみ、
50歳代向けの画期的な
衣服製作用ボディが誕生

JASサイズの読み方と
成人女子用の
主なサイズ表示

# 服のサイズはラベルを確認

第一印象だけで、服を購入していませんか。デザインや色がどんなに美しくても、体の寸法や形に合わなければ着心地が悪いだけ。大きすぎても小さすぎても動きにくく、加齢や生活スタイルによる体型の変化でサイズアップやダウンしてもおかしくありません。そこで、選ぶ際に役立つのが、製品ラベルやタグに示してあるサイズ表示。自分にしっくりくるものを探す目安にしてください。

日本ではISO(国際標準化機構)を基準としたJIS(日本工業規格)に従い、表示する寸法や表示方法を統一(右ページ参照)。例えばバストやウエスト、ヒップ、身長の基本身体寸法、バストや体型を記号化した呼びサイズなども記されています。

ただJISサイズの表示は任意のため、メーカー独自の表示、服種や着用者を区分している場合が。また、外国製品は数字表記が異なり、日本数値に置き換える必要も。サイズ表示はあくまでも目安ですが、その存在を頭の片隅に置いていれば「合わずにがっかり」を防げるはずです。

### 成人女子用の主なサイズ表示

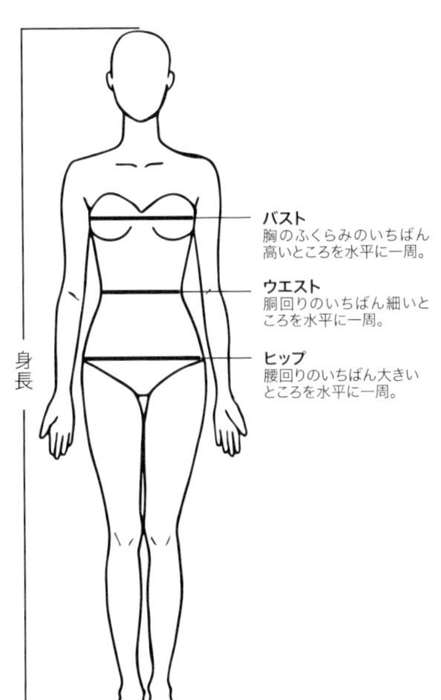


### 寸法列記表示の例

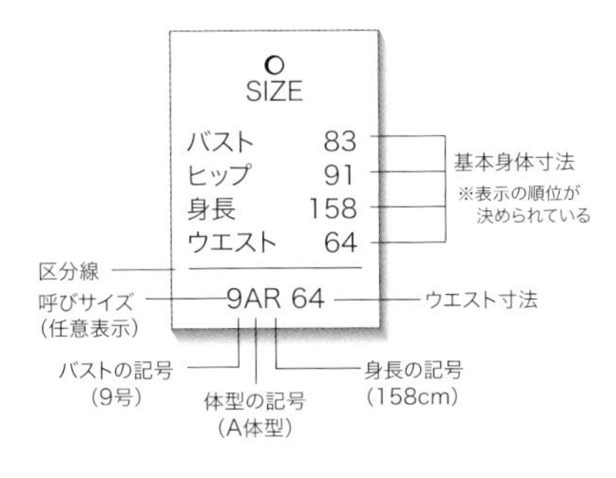


### サイズ絵表示の例

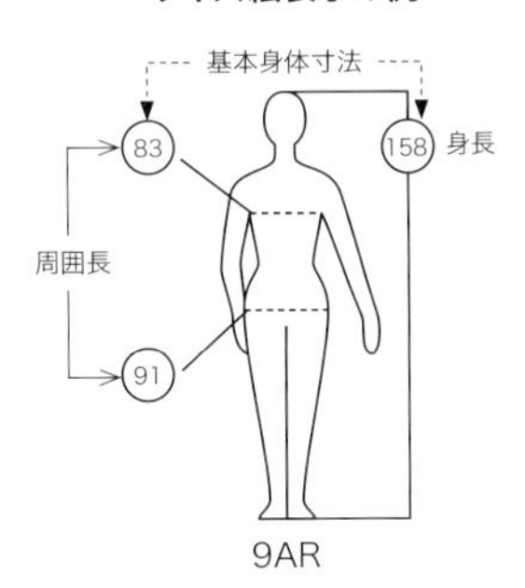


### サイズ表示の種類

| 体型区分表示 | 範囲表示 | 単数表示 |
|---|---|---|
| フィット性を必要とするドレス、ジャケット、コート類。 | フィット性をあまり必要としないセーター、スポーツシャツなど。 | フィット性を必要とするジャケット、スカート、パンツなど。 |
| バスト、ヒップ、身長が記入される。 | 必要な部位の寸法を表示。S、M、Lなどで呼ぶこともある。 | ある一定の寸法中心値を代表として表示。 |
| サイズ<br>バスト 83<br>ヒップ 91<br>身長 158<br>9AR | サイズ<br>バスト 79～87<br>身長 154～162<br>M | サイズ<br>バスト 83<br>ヒップ 91<br>身長 158 |

（出典：文化ファッション大系 ファッション流通講座⑤）

# 採寸のしかた

採寸は通常の下着（ブラジャーとガードル）をきちんとつけ、自然な姿勢で立った状態ではかります。バスト、ウエスト、ヒップの順に、きつくはからないようにします。ヒップをはかるときは、腹部が出ているため、腹部からももにかけて画用紙など当ててはかるとよいでしょう。

## 身長

はだしの状態で、壁や柱などの近くに直立。頭頂部に三角定規などを当てて印をつけ、床からその印までの寸法をはかります。

## バスト

バストの最も高いところを通るようにし、背中側のメジャーが落ちないように注意しながら水平に1周した寸法。

## ウエスト

胴のいちばん細いところ、おさまりのいい位置に水平に1周した寸法。

## ヒップ

腰のいちばん太いところを、水平に1周した寸法。腹部や大腿部が張っている人は、ゆとりをもたせる。

## 袖丈

腕を自然におろした状態でショルダーポイントから手首の外側の突出した骨までをはかる。

## 背丈

後ろ中心でバックネックポイントからウエストまでをはかる。肩胛骨があるので、はかった長さに0.7～1cmくらい加えた寸法。

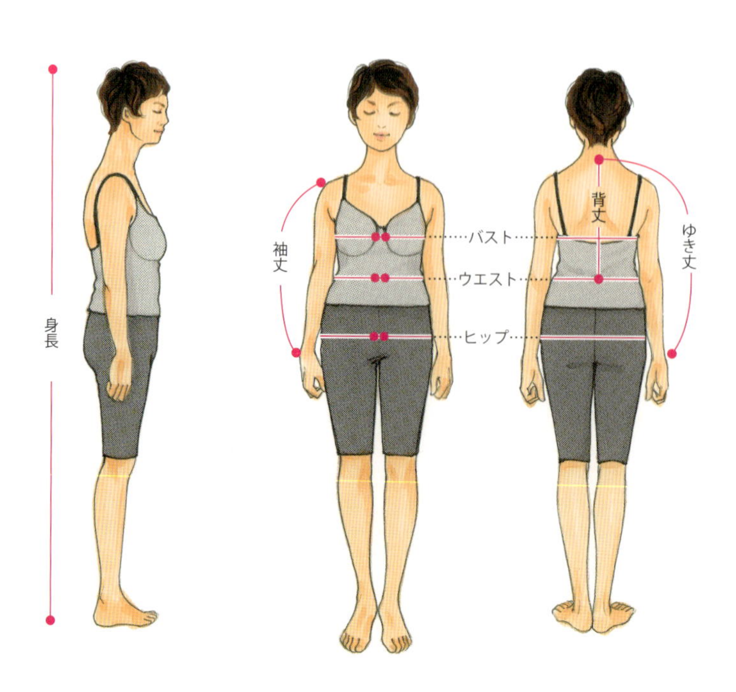

# 外国とのサイズ表示比較

**レディスウェア**
**（アメリカ=インチ）**

| | | XS | S | | M | | L | | XL | | プティット（160cm以下の人用） | | | | |
|---|---|---|---|---|---|---|---|---|---|---|---|---|---|---|---|
| | | 4 | 6 | 8 | 10 | 12 | 14 | 16 | 18 | 20 | 2P | 4P | 6P | 8P | 10P |
| BUST | アメリカ | 33 | 34 | 35 | 36 | 37.5 | 39 | 40.5 | 42.5 | 44.5 | 31 | 32 | 33 | 34 | 35 |
| バスト | cm | 84 | 86.5 | 89 | 91.5 | 95 | 99 | 103 | 108 | 113 | 78.5 | 81.5 | 84 | 86.5 | 89 |
| WAIST | アメリカ | 25 | 26 | 27 | 27 | 29.5 | 31 | 32.5 | 34.5 | 36.5 | 23 | 24 | 25 | 26 | 27 |
| ウエスト | cm | 63.5 | 66 | 68.5 | 71 | 75 | 78.5 | 82.5 | 87.5 | 95.5 | 58.5 | 61 | 63.5 | 66 | 68.5 |
| HIP | アメリカ | 35.5 | 36.5 | 37.5 | 38.5 | 40 | 41.5 | 43 | 45 | 47 | 34.5 | 35.5 | 36.5 | 37.5 | 38.5 |
| ヒップ | cm | 90 | 90.5 | 95 | 91.5 | 101.5 | 105.5 | 109 | 114.5 | 119.5 | 87.5 | 90 | 92.5 | 95 | 98 |
| SHOULDER | アメリカ | 14.5 | 15 | 15.5 | 15.7 | 16.1 | 16.5 | 17 | 17.3 | 17.7 | 13.5 | 13.8 | 14.2 | 14.6 | 15 |
| 肩幅 | cm | 37 | 38 | 39 | 40 | 41 | 42 | 43 | 44 | 45 | 34 | 35 | 36 | 37 | 38 |

**国別サイズ対応表（バスト）**

| イギリス | 8 | 10 | 12 | 14 | 16 | 18 | 20 | 22 | 24 |
|---|---|---|---|---|---|---|---|---|---|
| cm | 80~85 | 84~89 | 88~93 | 92~97 | 97~102 | 102~107 | 107~112 | 112~117 | 117~122 |
| ドイツ | 34 | 36 | 38 | 40 | 42 | 44 | 46 | 48 | 50 |
| cm | 80~86 | 84~90 | 88~94 | 92~98 | 96~102 | 100~106 | 104~110 | 110~116 | 116~122 |
| スペイン・ポルトガル | 36 | 38 | 40 | 42 | 44 | 46 | 48 | 50 | 52 |
| cm | 78~84 | 82~88 | 86~92 | 90~96 | 94~100 | 100~104 | 104~110 | 110~116 | 116~122 |
| フランス | 34 | 36 | 38 | 40 | 42 | 44 | 46 | 48 | 50 |
| cm | 81~89 | 84~92 | 87~95 | 90~98 | 93~101 | 96~104 | 99~107 | 102~110 | 106~86 |
| イタリア | 38 | 40 | 42 | 44 | 46 | 48 | 50 | 52 | 54 |
| cm | 82~84 | 85~88 | 88~92 | 91~96 | 94~100 | 97~104 | 100~108 | 103~112 | 106~86 |

（出典：ファッションビジネス用語辞典）

**私のヌード寸法表**

| サイズ | 私サイズ | 9号 |
|---|---|---|
| 身長 | | 158 |
| バスト | | 83 |
| ウエスト | | 67 |
| ヒップ | | 91 |
| 袖丈 | | 52 |
| 背丈 | | 38 |

単位／cm

※計測した寸法を入れてみましょう

靴も服と同様に、「素敵!」で飛びつくのはもってのほか。安全で快適な歩行を考慮して作られていても、足にフィットしなければ足の病気に襲われたり、つまずきや転倒のようなトラブルを起こしたり。ひいては頭痛や腰痛など、体全体の不調に発展します。だから必ず試着して、店内を少し歩いてみましょう。

同じサイズでも、作りが違えば履き心地は変わるもの。サイズを選んだら、足の特徴に応じて当たりの有無や締まりぐあいを確認します。チェックするのはつま先の形、甲の幅と厚

# 靴をたかが小物と思うなかれ

み、くるぶしの高さ、かかとの曲線、土踏まずのアーチといった部分。歩行をスムーズにする適度な余裕や締めつけ感の必要な箇所もありつつ、きつすぎ緩すぎは禁物です。

近頃は足と靴の正しい知識を持ち、個々に合う一足を見立ててくれるシューフィッターがいる店も。そんな専門家に相談してもよし、フィッティングポイント（右ページ）を覚えて自力で探すもよし。足が喜ぶ靴は、身のこなしも美しくしてくれます。

## 足型を知る

足型は、つま先の型で主な3タイプに分けられる。

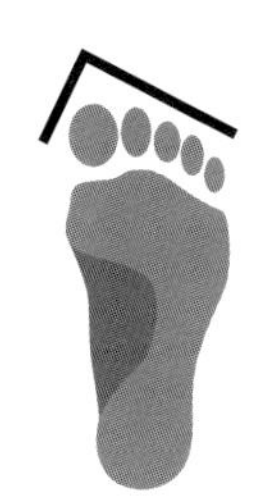

エジプト型

母趾が最も長い。母趾の側面から圧迫を受けやすいので、細身の靴は注意が必要。

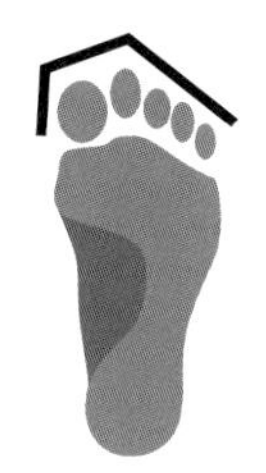

ギリシャ型

母趾より第2趾が長い。一般的な靴の足型に近く、足長どおりのサイズが目安。

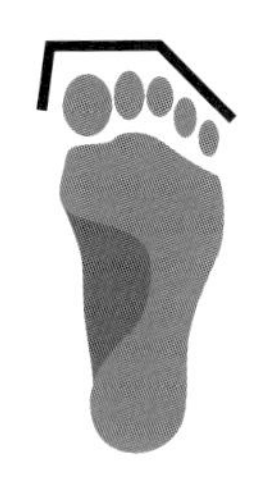

スクエア型

母趾から第3趾までほぼ同じ位置で、第5趾との差も少ない。第5趾の圧迫に悩みがち。

## フィッティングポイント

足に合う靴選びに役立つ、試着時のチェックポイント。

### 1. かかと

靴のかかとカーブが足に合ってしっかり包み込み、安定しているかがポイント。足を蹴り出す際にかかとが抜けない、適度な締めつけ感があるとベスト。

### 2. 甲部

足幅がいちばん広い母趾や第5趾の関節部（つけ根）を含め、足囲がなるべく合うものを。締めつけぐあいは甲部の高さも影響し、足が滑らず圧迫されずが理想的。

### 3. 土踏まず

アーチを描く土踏まずには筋肉、血管、神経が集中。この部分がゆるすぎると足が疲れ、きつすぎると痺れるため、手でさわって当たりぐあいをチェックして。

### 4. つま先

靴は通常、表示サイズより長く作られるもの。つま先は敏感なうえ、歩く時に足が靴の中で動く余裕（捨て寸）が必要なので、当たっていたらNG。

### 5. 履き口

内側より低い外側のくるぶしが、履き口に当たらずフィットすることが大切。スリッポンの場合は、指関節のすぐ後ろ部分の締まりが足に合うか確認を。

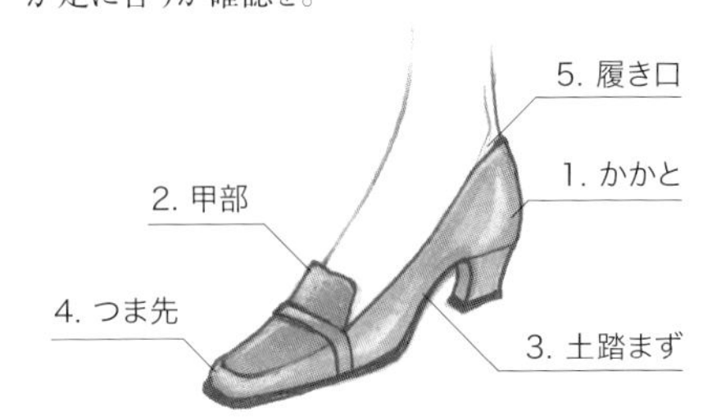


### 外国とのサイズ表示比較

| アメリカ | 5 | 5.5 | 6 | 6.5 | 7 | 7.5 | 8 | 8.5 | 9 | 9.5 | 10 | 10.5 | 11 |
|---|---|---|---|---|---|---|---|---|---|---|---|---|---|
| イギリス | 3.5 | 4 | 4.5 | 5 | 5.5 | 6 | 6.5 | 7 | 7.5 | 8 | 8.5 | 9 | 9.5 |
| ヨーロッパ | 35 | 36 | 37 | 38 | 38 | 39 | 40 | 41 | 41 | 42 | 43 | 43 | 44 |
| cm | 22.5 | 23 | 23.5 | 24 | 24.5 | 25 | 25.5 | 26 | 26.5 | 27 | 27.5 | 28 | 28.5 |

（出典：ファッションビジネス用語辞典）

繊維製品は扱いに
関する表示を頼りに、
好適なケアを

# 取扱い表示は作り手からの手引き

暮しを紡ぐさまざまな分野において、技術の向上とグローバル化が目覚ましい現代。アパレルの世界でも顕著で、繊維製品は多様性を極めています。でも店では、専門知識を持たない人が選ばなくてはなりません。そこで、どんな素材が使われてどう扱えばいいのか、着心地や丈夫さのような実用性と染料や加工剤などの安全性の判断材料になる情報を、製品につけることが1962年に日本で義務づけられました。本体に縫われたラベルやタグ、下げ札の表示を目にしていると思います。

繊維名や混用率とともに示されるケア方法はJIS（日本工業規格）の規定に、ISO（国際標準化機構）の規格を統一させた記号が2016年から採用。家庭洗いする人もクリーニング業者も、洗濯や乾燥、漂白、アイロンかけといった処理のしかたを誤らないためのシステムです。真剣に選んだとっておきは、長く愛用したいですよね。だから適切に取り扱い、製品本来の性能が発揮できる環境を整えましょう。

# 家庭洗濯等取扱い表示

日本工業規格(JIS)では、洗濯、クリーニングなどの取り扱いを示す表示が定められている。

繊維製品の取扱いに関する表示記号(JIS L 0001:2014)

1. 洗濯処理

| 番号 | 表示記号 | 表示記号の意味 |
|---|---|---|
| 190 | 95 | 液温は、95℃を限度とし、洗濯機で通常の洗濯処理ができる。 |
| 170 | 70 | 液温は、70℃を限度とし、洗濯機で通常の洗濯処理ができる。 |
| 160 | 60 | 液温は、60℃を限度とし、洗濯機で通常の洗濯処理ができる。 |
| 161 | 60 | 液温は、60℃を限度とし、洗濯機で弱い洗濯処理ができる。 |
| 150 | 50 | 液温は、50℃を限度とし、洗濯機で通常の洗濯処理ができる。 |
| 151 | 50 | 液温は、50℃を限度とし、洗濯機で弱い洗濯処理ができる。 |
| 140 | 40 | 液温は、40℃を限度とし、洗濯機で通常の洗濯処理ができる。 |
| 141 | 40 | 液温は、40℃を限度とし、洗濯機で弱い洗濯処理ができる。 |
| 142 | 40 | 液温は、40℃を限度とし、洗濯機で非常に弱い洗濯処理ができる。 |
| 130 | 30 | 液温は、30℃を限度とし、洗濯機で通常の洗濯処理ができる。 |
| 131 | 30 | 液温は、30℃を限度とし、洗濯機で弱い洗濯処理ができる。 |
| 132 | 30 | 液温は、30℃を限度とし、洗濯機で非常に弱い洗濯処理ができる。 |
| 110 |  | 液温は、40℃を限度とし、手洗いによる洗濯処理ができる。 |
| 100 |  | 洗濯処理はできない。 |

※この記号は、上限の洗濯温度及び最も厳しい洗濯処理に関する情報を提供するために使用される。

2. 漂白処理

| 番号 | 表示記号 | 表示記号の意味 |
|---|---|---|
| 220 |  | 塩素系及び酸素系漂白剤による漂白処理ができる。 |
| 210 |  | 酸素系漂白剤による漂白処理ができるが、塩素系漂白剤による漂白処理はできない。 |
| 200 |  | 漂白処理はできない。 |

3. タンブル乾燥処理

| 番号 | 表示記号 | 表示記号の意味 |
|---|---|---|
| 320 |  | 洗濯処理後のタンブル乾燥処理ができる。ー高温乾燥:排気温度の上限は最高80℃。 |
| 310 |  | 洗濯処理後のタンブル乾燥処理ができる。ー低温乾燥:排気温度の上限は最高60℃。 |
| 300 |  | 洗濯処理後のタンブル乾燥処理はできない。 |

### 4. 自然乾燥処理

| 番号 | 表示記号 | 表示記号の意味 |
|---|---|---|
| 440 | | つり干し乾燥がよい。 |
| 430 | | ぬれつり干し乾燥がよい。 |
| 420 | | 平干し乾燥がよい。 |
| 410 | | ぬれ平干し乾燥がよい。 |
| 445 | | 日陰でのつり干し乾燥がよい。 |
| 435 | | 日陰でのぬれつり干し乾燥がよい。 |
| 425 | | 日陰での平干し乾燥がよい。 |
| 415 | | 日陰でのぬれ平干し乾燥がよい。 |

※ぬれ干しとは、洗濯機による脱水や、手でねじり絞りをしないで干すこと。
※自然乾燥不可の記号はない。

### 5. アイロン仕上げ処理

| 番号 | 表示記号 | 表示記号の意味 |
|---|---|---|
| 530 | | 底面温度200℃を限度としてアイロン仕上げ処理ができる。 |
| 520 | | 底面温度150℃を限度としてアイロン仕上げ処理ができる。 |
| 510 | | 底面温度110℃を限度としてスチームなしでアイロン仕上げ処理ができる。 |
| 500 | | アイロン仕上げ処理はできない。 |

### 6. ドライクリーニング処理

| 番号 | 表示記号 | 表示記号の意味 |
|---|---|---|
| 620 | P | パークロロエチレン及び記号Ⓕの欄に規定の溶剤でのドライクリーニング処理a) ができる。<br>ー通常の処理 |
| 621 | P | パークロロエチレン及び記号Ⓕの欄に規定の溶剤でのドライクリーニング処理a) ができる。<br>ー弱い処理 |
| 610 | F | 石油系溶剤（蒸留温度150℃～210℃、引火点38℃～）でのドライクリーニング処理a) ができる。<br>ー通常の処理 |
| 611 | F | 石油系溶剤（蒸留温度150℃～210℃、引火点38℃～）でのドライクリーニング処理a) ができる。<br>ー弱い処理 |
| 600 | | ドライクリーニング処理ができない。 |

注 a) ドライクリーニング処理は、タンブル乾燥を含む。

### 7. ウエットクリーニング処理

| 番号 | 表示記号 | 表示記号の意味 |
|---|---|---|
| 710 | W | ウエットクリーニング処理ができる。ー通常の処理 |
| 711 | W | ウエットクリーニング処理ができる。ー弱い処理 |
| 712 | W | ウエットクリーニング処理ができる。ー非常に弱い処理 |
| 700 | W | ウエットクリーニング処理はできない。 |

※ウエットクリーニングとは、クリーニング店が特殊な技術で行うプロの水洗いと仕上げまで含む。

（出典：一般社団法人 繊維評価技術協議会）
JIS L0001:2014表1～7一部を省略しています。
詳細はJISを参照。

# 楽しみが尽きない学びの場
# ～文化服装学院の生涯学習～

新たな知識と経験から
自己の充実と
前進するよろこびが

日本は長寿化が加速して、人生100年時代といわれています。これから充実した時間を楽しんで過ごしましょう。

年齢を重ねての移ろいは、歩みを進めている証。目をそむけるのではなく、楽しみに転換する手段はいくつもあります。体型の変化を科学的に読み解いたり、似合う色を再確認したり。いろいろなアプローチで今とこれからを知り、自分磨きをする好機です。

手段の一つが、「生涯学習」に取り組むこと。文化服装学院でもBUNKAファッション・オープンカレッジで、生涯にわたる学びを応援しています。長い歴史の中で培った伝統の服飾技術をはじめ、クラフトや流通関連など多彩な講座を開設。50歳以上や大人と子ども、男性限定の内容、研修旅行といった企画も。世代、職業、経験を問わず同じ分野に関心を持つ仲間と一緒に学べます。また、自宅で学習できる通信講座もあるので、興味と生活スタイルに合う講座を探し、受けてみてはいかがでしょう。

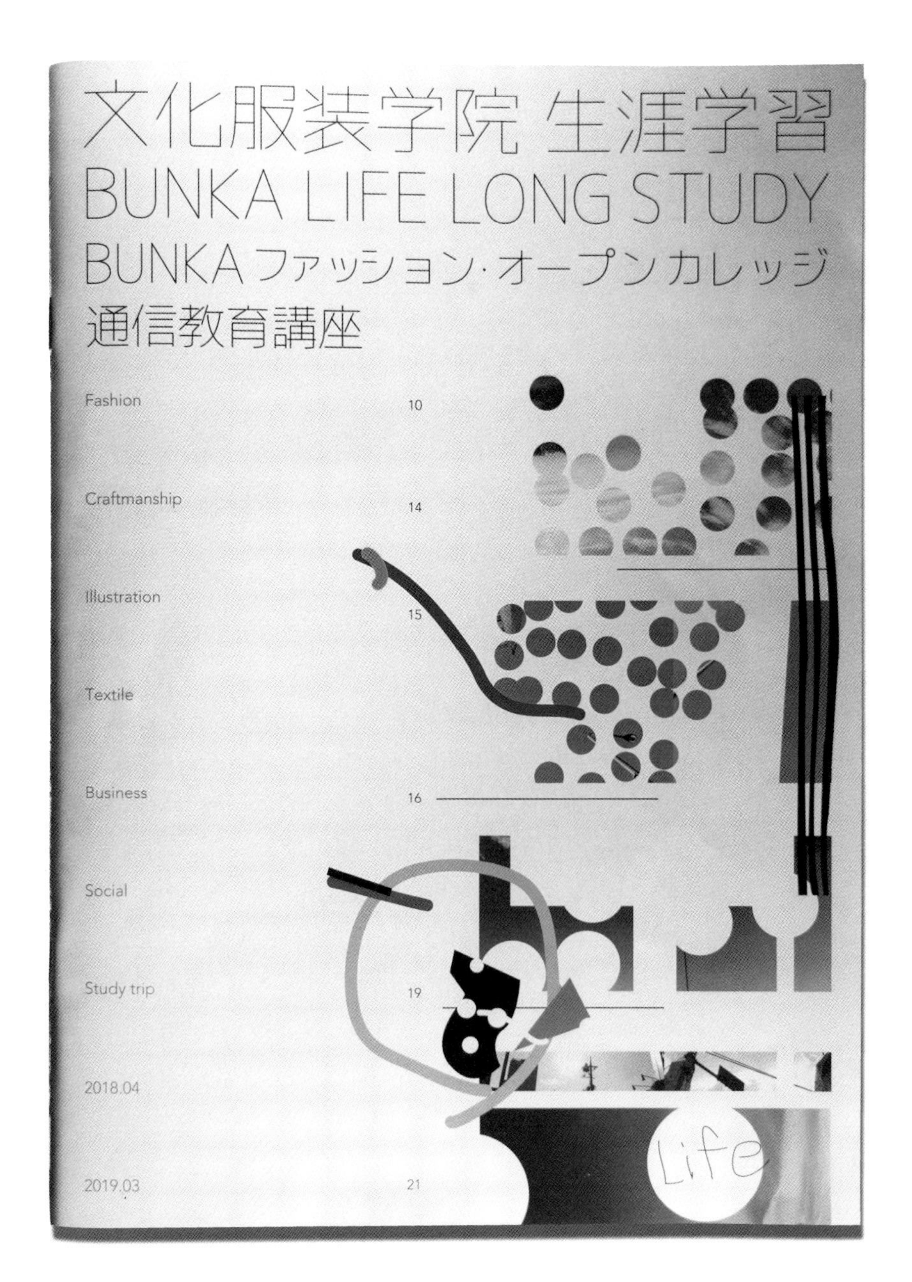


上記パンフレットは、2018年度版（2018年4月～2019年3月）

ここでご紹介している講座内容は
2018年4月〜2019年3月のもの。
2019年4月からのパンフレットは
2019年2月から配布公募予定。

お問合せは、
文化学園内
文化服装学院生涯学習まで
電話 03-3299-2233
受付時間　平日の9:00〜17:20

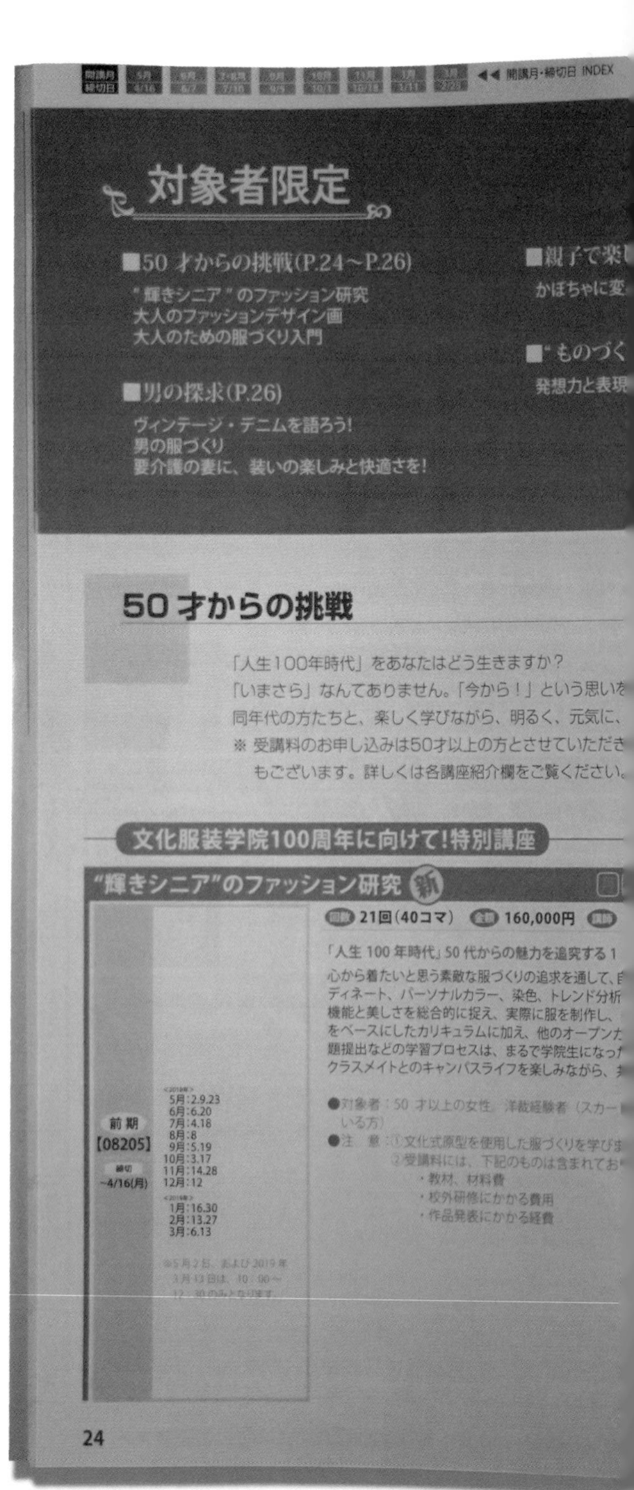


# 対象者限定

■50 才からの挑戦(P.24〜P.26)

"輝きシニア"のファッション研究
大人のファッションデザイン画
大人のための服づくり入門

■男の探求(P.26)

ヴィンテージ・デニムを語ろう!
男の服づくり
要介護の妻に、装いの楽しみと快適さを!

■親子で楽し
かぼちゃに変

■"ものづく
発想力と表現

## 50 才からの挑戦

「人生100年時代」をあなたはどう生きますか？
「いまさら」なんてありません。「今から！」という思いを
同年代の方たちと、楽しく学びながら、明るく、元気に、
※ 受講料のお申し込みは50才以上の方とさせていただき
もございます。詳しくは各講座紹介欄をご覧ください。

### 文化服装学院100周年に向けて!特別講座

**"輝きシニア"のファッション研究 新**

21回(40コマ)　160,000円

「人生 100 年時代」50 代からの魅力を追究する 1
心から着たいと思う素敵な服づくりの追求を通して、
ディネート、パーソナルカラー、染色、トレンド分析
機能と美しさを総合的に捉え、実際に服を制作し、
をベースにしたカリキュラムに加え、他のオープン
題提出などの学習プロセスは、まるで学院生になっ
クラスメイトとのキャンパスライフを楽しみながら、

●対象者：50 才以上の女性　洋裁経験者（スカー
いる方）
●注　意：①文化式原型を使用した服づくりを学び
②受講料には、下記のものは含まれてお
・教材、材料費
・校外研修にかかる費用
・作品発表にかかる経費

前期
【08205】
締切
~4/16(月)

5月:2.9.23
6月:6.20
7月:4.18
8月:8
9月:5.19
10月:3.17
11月:14.28
12月:12
1月:16.30
2月:13.27
3月:6.13

!ハロウィン衣裳

員対象講座(P.27)
い教材づくり

講座です。
ては、その他の条件

| 10:00 ~12:30 | 13:45 ~16:15 |
|---|---|

装学院生涯学習指導主事
服装形態機能研究所 副所長　他

磨く講座です。体型研究、コー
、体型の変化に対応した服の
文化服装学院の教育ノウハウ
画す校外授業やレポート・課
よう。
※割引対象外

基礎的は作図と縫製を修得して

## "輝きシニア"のファッション研究　概要

### 授業スケジュールイメージ

| | 10:00～12:30 | 13:45～16:15 |
|---|---|---|
| 1回目 | 開講式・オリエンテーション | |
| 2回目 | 服飾造形① | 学科① |
| 3回目 | 服飾造形② | 学科② |
| 4回目 | 服飾造形③ | 学科③ |
| 5回目 | 服飾造形④ | 校外研修① |
| 6回目 | 服飾造形⑤ | 学科④ |
| ⋮ | ⋮ | |
| 19回目 | 服飾造形㉑ | 服飾造形㉒ |
| 20回目 | 服飾造形㉓ | 服飾造形㉔（修了発表） |
| 21回目 | 修了式 | |

### 学習概要

**服飾造形**　服づくりを学ぶ講義と演習です。体型研究をし各自の原型を作ります。1年間で着心地を追究した服と華やかで素敵な服を仕上げます。

**学　科**　服飾に関する教養と服づくりに活かす知識・技術を幅広く学びます。
例)「人の身体を知る」「パーソナルカラー」「トレンド分析」「素材論」「染色」「ファッションデザイン画」「服装史」 他

**校外研修**　旬な話題のスポット(美術館・博物館等含む)や、企業見学などへ出かけます。

**オリエンテーション・修了式**
一定の規定条件を満たした受講生には、修了証書を授与します。

### 講座説明・受講相談会開催

開催日：
2018年3月2日(金)
時間：
第1回　11:30～12:00
第2回　13:00～13:30

＊準備の都合上、事前にお申込みください。（当日参加も可）
＊詳細はお問い合わせください。

※現会員で説明会に参加後申込を決定されたい方は、その旨を会員先行申込受付期間中(2/22(木)~28(水))に事…へご連絡ください。(平日 9:00~17:20)仮予約を承り…



★お問い合わせは☎03-3299-2233　入会規約・受講申込用紙は56ページ～をご参照ください。

# 学校法人文化学園

アクセス
JR 新宿駅南口より、甲州街道に沿って初台方面へ徒歩8分

所在地
〒151-8521 東京都渋谷区代々木3-22-1

問合せ
文化学園代表　電話03-3299-2111
文化服装学院 生涯学習　電話03-3299-2233

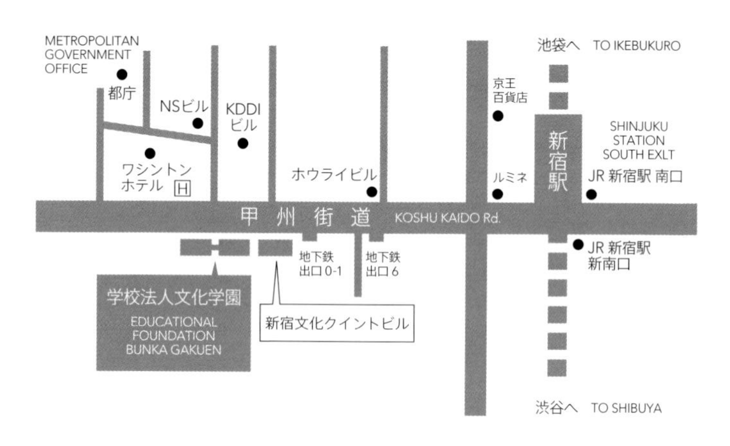


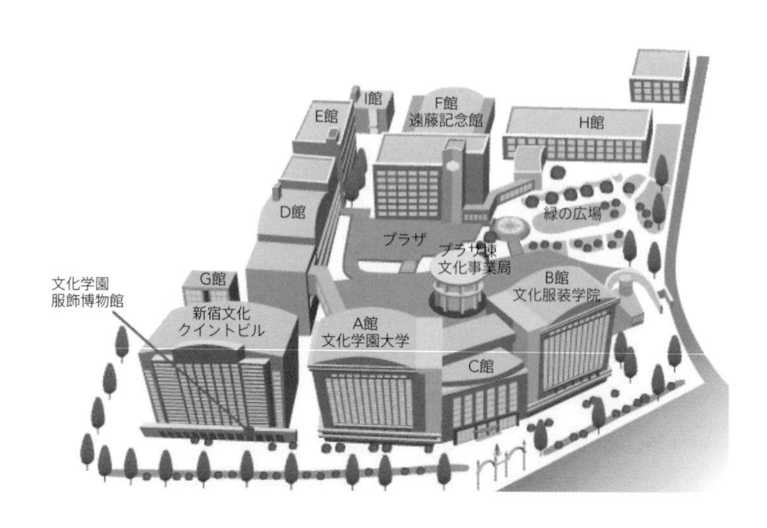

［撮影協力］

ヒロココシノ ギンザ ［P.12］
KHギャラリー銀座 ［P.67］

アクセス
東京メトロ銀座駅 B4出口より徒歩1分

所在地
〒104-0061 東京都中央区銀座4-3-13 和光並木通ビルB1F

問合せ
電話03-5159-6877

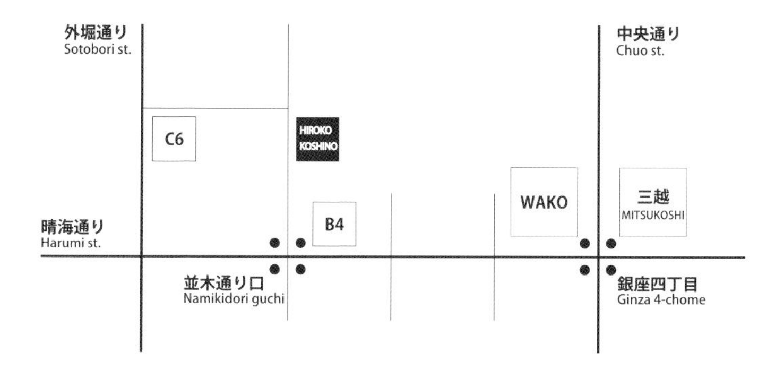


『新文化ヌードボディ　サイズ9AR』［P.74］
『文化ヌードボディ50』［P.76］
問合せ 学校法人文化学園 文化購買事業部
電話03-3299-2048　www.bunka-koubai.com

［参考書籍 & 資料］

『ファッション辞典』…文化出版局
『テキスタイル用語辞典』…テキスタイル・ツリー
『THE BOOK OF SHOES』…日本靴工業界
『文化ファッション大系 ファッション流通講座⑤ コーディネートテクニック』
…文化服装学院編
『ファッションビジネス用語辞典』…日本ファッション教育振興協会

# 顔を上げて歩き続ける

日々の慌ただしさに追われていると、つい後回しになりがちなのはおしゃれをすることでしょうか？ 女性はどんな時でも、いつでも美しくいたいものです。それは自分のために、自分らしくあるために。人のイメージや周りの雰囲気にも影響するものゆえに、「簡単に選んだりコーディネートを考えたりできないわ」というかたもいると思います。でも、だからこそ毎日の心がけや努力が必要なはずです。

最初にお伝えしたように、ファッションは生き方を映す鏡。いつもなんとなく味気なさを感じているのに、見て見ぬ振りや諦めはわだかまりが残ります。何も、時間を費やして着飾るのがおしゃれではないのです。変わりゆく姿は現実として受け止め、今できることがたとえ些細でも風穴は開きます。年齢とともに刻まれた足跡からも、目を逸らさずに向き合いましょう。無理は禁物ですが好奇心やチャレンジ精神を忘れずに、賢く服を選んでアレンジして。軌道修正しながらでも顔を上げて歩いていれば、心地いい瞬間は逃しません。そして、これから心おだやかに自分の好きな服を着て、いつまでも美しく。ファッションを楽しみながら、一緒に歩き続けましょう。

## 相原幸子 Sachiko Aihara

文化服装学院服飾産業科を卒業後、同学院の教育専攻科に進学、卒業後38年間の教員生活の中で送り出した卒業生は3000名以上。多くの卒業生が世界中で活躍している。可能性は誰にでもあるもの。その可能性を導くことができる仕事に誇りを持っている。2009年、ファッション工科専門課程グループ長、2016年7月、文化服装学院副学院長、2017年7月、同学院学院長に就任。

ブックデザイン　関口良夫（salt*）
撮影　安田如水（文化出版局）
ヘアメーク　小竹珠代（dynamicdynamic）
デジタルトレース　文化フォトタイプ
校閲　向井雅子
編集協力　髙井法子
編集　平山伸子（文化出版局）

いつまでも美しく装うための30のこころえ

2018年11月5日　第1刷発行

著　者　相原幸子
発行者　大沼 淳
発行所　学校法人文化学園 文化出版局
〒151-8524 東京都渋谷区代々木3-22-1
tel. 03-3299-2401（編集）
tel. 03-3299-2540（営業）
印刷・製本所　株式会社文化カラー印刷



文化出版局のホームページ
http://books.bunka.ac.jp/